U0611239

大家小小书

篆刻　程方平

中国历史小丛书

新编历史小丛书

新编历史小丛书

秦始皇

张传玺

著

北京出版集团公司
北京人民出版社

目　　录

第一讲　秦始皇

秦始皇在中国历史上可以称得上是一位"家喻户晓、妇孺皆知"的人物了。所以这样，是因为他在世的期间，曾做过许多桩在当时和对后代都有重大影响的好事，其中最主要的，如"消灭六国，统一中国"；"废分封，置郡县"；"北逐匈奴，修万里长城"；"统一货币，统一度量衡，统一文字"等等，这些事件对中国古代统一的多民族国家的形成和发展，对于中国古代经济、文化的发展，都起了巨大的作用。当然，秦始皇也做过一些错事，有些错误的性质严重，影响很坏。如"焚书坑儒"事件，就对我国古代的文化造成了巨大损失，留下了千古骂名。不过总的来说，秦始皇是功大于过的。

秦始皇本来是战国末年秦国的国王，时称秦王，姓嬴名政，国都在咸阳（今陕西咸阳市）。十三岁登王位，二十一岁亲掌大权，铲除了权臣、相国吕不韦等，重用李斯、王翦等一批有才能有谋略的文臣武将，在二十九岁时，灭掉韩国。

稍后，又用了五年时间连续灭掉魏、楚、燕、赵、齐等国，从而在中国这块大地上第一次建立起了统一的多民

秦始皇像

（刘旦宅原作　李砚云改作）

族的伟大国家——秦朝，时年三十八岁。就在这一年，也就是刚刚统一中国不久，他认为"秦王"这一名号对这时的他，已嫌太低了；于是通过朝议，废止"秦王"之号，改称"皇帝"，取兼有"三皇五帝"之义，表示其功绩"自上古以来未尝有，五帝所不及"（《史记·秦始皇本纪》）。他又取消了自西周以来行用了八百年的谥法，自称"始皇帝"，规定以后继位的子孙，"以计数，二世、三世、至千万世"（同上）。这就是"秦始皇"一名的由来。

秦始皇为皇帝十一年，于始皇三十七年（前210）去世，终年四十九岁。死后葬于骊山，在今西安市临潼区。为建始皇陵，征发徭役数十万人。

司马迁记此陵的情况说："穿三泉，下铜而致椁，宫观百官奇器珍怪徙臧满之。令匠作机弩矢，有所穿近者，辄射之。以水银为百川江河大海，机相灌输，上具天文，下具地理，以人鱼膏为烛，度不灭者久之。"（同上）始皇陵至今并未发掘，陵内的实际情况还不可确知。但从遗留至今的陵墓堆土的高大，尤其是近年在陵侧发掘的名震中外的号称世界八大奇迹之一的秦陵兵马俑，可知司马迁所记始皇陵情况，当是可信的。

今就秦始皇的主要事迹作如下评述。

一

秦始皇"消灭六国，统一中国"，是中国古代统一的多民族国家形成的重要标志，也是中国古代社会历史进步的重要标志。

中国古代有文字可考、有史料可据的历史，可以上溯到前21世纪建立的夏朝。夏朝的疆域很小，主要在今黄河中游一带，即今山西的南部和河南的北部。夏朝存在的时间约近五百年。夏朝灭亡后，新兴起的王朝是商朝。商朝的疆域大于夏朝，以今黄河中下游为主，其势力范围更大一些。商朝存在的时间约有五百余年。商朝灭亡后，新兴起的王朝是西周。西周以今西安市西面的丰、镐为国都，其疆域以今关中和黄河流域中下游为主体，南到淮水和汉水上游，北到燕山以南，东到东海，西到甘肃东部。这个疆土已经相当辽阔了，可是由于社会经济不甚发展，政治上实行分土封侯制度，据说当时有八百诸侯。此后，诸侯间互相竞争，互相破坏，互相攻杀，互相兼并。到公元前770年开始的春秋时期，仅剩一百余国，到前475年开始的战国时期，只剩二十余国，其中最强大的有七国，就是秦、楚、齐、燕、韩、赵、魏。七国间长期连年混战，《孟子·离娄上》说："争地以战，杀人盈野；争城以战，杀人盈城。"长期的战争对社会经济和人民生活造成严重破坏，人民普遍厌战。年轻的秦王嬴政就是在这样的形势下，利用了秦国的军事优势，用了十年时间，消灭了六国，统一了中国。从此，中国由一个诸侯割据混战的封建国家转变为一个统一的、多民族的、中央集权的封建国家。国都仍建于咸阳。

这样说，关于"消灭六国"的情况是明确了；但关于"统一的、多民族国家的形成"还不很明确。事实是秦始皇在消灭六国之后，还在继续大力经略四方。如在南方，灭楚之后，继续向百越地区用兵，先占闽越（今浙江南部和福建地区），又向南越进兵。为了转运粮饷，命监御史禄率领士卒在今广西兴安县截断湘江上游，开北、南二渠，北渠引水七分下入湘江故道，南渠引水三分西入漓江，此即闻名于世的灵渠。灵渠的开通，连接了长江和珠江两大水系，从开通至今，对我国南北经济、文化的交流起了重大的作用。在当地民间，至今还流传着这样一首歌谣："兴安高万丈，水把两头流。"歌颂了这一巧夺天工的人工运河。秦始皇经略百越，奠定了我国南部的疆域至于今广西、广东的南境。

秦始皇大力经略西南夷地区也是有巨大贡献的。西南夷地区主要包括今四川南部和西部、贵州、云南及西藏东部，这里民族众多，地形复杂，交通不便。秦始皇为经略西南夷，命士卒自今四川宜宾至云南曲靖一线，堑山堙谷，开通了五尺宽的山道，史称"五尺之道"。秦在道路通达的地区设官置吏，把疆域推至今贵州和云南两省的北部，亦促进了中原地区与西南夷地区的民族往来和经济、文化交流，也对西南丝绸之路的开通起了重大的作用。

秦始皇对北部疆域的经营也是很重视的。他命蒙恬率领三十万大军赶走了进入河套地区的匈奴人，西起临洮（今甘肃岷县），北沿阴山东向，东北经沈阳之北，再南下鸭绿江，修起了万里长城，以防御匈奴人的南侵。

《史记·秦始皇本纪》记载：秦朝的疆域，"东至海暨朝鲜，西至临洮、羌中，南至北向户，北据河为塞，并阴山，至辽东。"这一疆域自然只是今天中国疆域的一部分；人口也不过有两千万。可是这一疆域正是今天疆域的基础；这两千万人口正是今天中国大部分民族的祖先；秦始皇正是中国古代统一的多民族国家的缔造者和伟大祖国疆域基础的奠定者。

二

秦始皇的第二大功绩是他在"消灭六国，统一中国"之后进行的重大政治改革。主要是比较彻底地废除了西周以来实行的封建贵族政治制度，实行适应新兴的地主阶级需要的新的官僚政治制度。这一改革涉及国体和政体的较大范围的兴废，对中国古代的政治史影响极大。这次改革，包括了君主制度、中央制度和地方制度。

君主制度的改革主要是废"王"号，改称"皇帝"。皇帝拥有至高无上的权力，从中央到地方的主要官吏，如郡守、县令等，均由皇帝任免，都按照皇帝颁布的律令或皇帝的意志办事。军权也集中到皇帝手中，凡调动士卒五十人以上者，必须持有皇帝的虎符为凭；否则就是违法。

中央制度的改革主要是废除了适应封建贵族需要的世卿世禄制度，改行由地主官僚组成的三公九卿制度。三公为丞相、太尉、御史大夫，是在皇帝领导下的行政、军事、监察三方面的主要负责人。九卿则为中央的分管庶政的机构。三公九卿之外，还有列卿，共同组成中央机构，协助皇帝，统治着全国。

地方制度主要是指地方行政制度，这一制度的改革，主要是彻底废除"封诸侯，建藩卫"制度，在全国普遍实行郡县两级制的行政制度。郡的主要长官是郡守，县的主要长官是令（长）。郡守、县令都是流官，由皇帝任免。

皇帝制、三公九卿制和郡县制是一套新的完整的中央集权制度，这套制度适应了当时的社会经济状况及其发展的要求，也有利于维护新兴地主阶级的统治。这套制度是我国古代政治制度的一个新的重大发展，在当时、在此后两千年间，对巩固、加强祖国的统一，对促进社会经济、文化的发展，都起了重大的作用。在秦以后的两千多年间，各个朝代基本上都沿用了这一制度。

三

秦始皇的第三大功绩是整顿社会经济秩序，为恢复发展社会经济创造了条件。主要事迹如下：

1.清查田地，履亩而税——西周时期，实行土地国有制度，农民都是国家的农奴，由国家或官府分配土地给农奴耕种。这就是《诗·小雅·北山》所说："溥天之下，莫非王土；率土之滨，莫非王臣。"历史上称当时的土地国有制为井田制。春秋、战国时期，井田制正在迅速破坏，土地大量地转入私人手中，贵族、官僚或豪族地主隐瞒了大量的田地，不向官府纳税。秦灭六国之后，于始皇三十一年（前216）下令全国"使黔首自实田"（《史记·秦始皇本纪》集解引徐广语），就是要人民向政府据实登记所占有田地的多少，按亩纳税。这个法令的主要目的是清查民间各家占有田地的状况，以便于征税；同时也使土地私人占有制合法化了，这有助于新兴的地主经济的发展。

2.统一货币——商和西周时期，随着商品交换关系的发展，人们已使用海贝为货币。海贝的数量不足，则以骨贝和铜贝补充之。到春秋时期，已有类似农具铲的青铜空首布币出现。战国时期，各大国都在铸造青铜货币，货币形式各不相同，同一国常常使用不同形式的货币。如齐国用巨大的刀币；燕国用小型刀币，上带一"明"字，因称明刀；韩国、赵国、魏国杂用布币、刀币、圆钱；楚国用一种近似贝的小型货币，其花纹像蚂蚁的头部，也像鬼脸，因称"蚁鼻钱"或"鬼脸钱"；西周、东周用布币，也用圆钱，秦国用圆钱。秦始皇消灭六国、统一中国之后，这样复杂的货币状况显然很不利于商品交换关系的发展，不利于赋税的征收。于是，他于始皇二十六年，下令全国，废止使用六国的旧币，颁行统一的新的货币。新币分为二等：上币用黄金铸成，每二十四两为一块，二十四两重一镒，此金块名"镒";下币用青铜铸成，外圆孔方，同于秦国的圆钱，每枚重半两，名"半两"。秦半两价值单一，规格合理，便于携带，适宜于用作商品交换手段，是一种进步的币制形式。自秦朝开始使用这种形式的货币后，历代王朝都采用这种形式的货币，直到民国初年。这种货币为秦和西汉前期全国各大地区市场的形成和发展起了重要的作用。

3.统一度量衡——战国时期，各国的度量衡很不统一，就是丈尺长短不同，斗升大小不同，斤两轻重不同。这种状况对秦消灭六国、统一中国之后的社会经济的发展是很不利的。于是，秦始皇在下令统一货币的同时，也下令统一度量衡。其令文曰："廿六年，皇帝尽并兼天下诸侯，黔首大安，立号为皇帝，乃诏丞相状、绾，法度量则不壹，歉（嫌）疑者，皆明壹之。"这一令文在历代的文献著录和现代的考古发现中都有很多，几乎稍大一点的秦权和秦量上都刻有此令文，也有铸在青铜片上的令文（诏版）被发现。这说明了秦始皇对于在全国范围采取统一度量衡之举是多么坚决。

四

秦始皇的第四大功绩是改善、发展交通事业。

秦始皇二十六年（前221），下

令统一全国的车轨，大车的两轮之间（轨）皆宽六尺，史称"车同轨"，这有利于车辆的行驶。

此后，秦始皇又主要为了政治和军事需要，在全国范围大修驰道。驰道以首都咸阳为中心，东至今浙江、江苏、山东、河北，西至今甘肃东部，南至今湖北、湖南，北至今河北、山西北部及内蒙古南部。道宽五十步，每隔三丈，植树一株，用铁椎夯打路基，使路面平坦坚实，以利于奔驰。

秦始皇还修直道一条，自云阳（今陕西淳化）直达九原（今内蒙古包头西），"堑山堙谷"约一千八百里，这是为适应防御匈奴人的入侵而开凿的。

秦始皇在皇帝位十一年，曾五次

到地方巡视。巡行路线均扩建为驰道。第一次是巡视西北地区，到甘肃东部。其他四次均是东巡旧楚、齐、燕、赵、韩、魏等地区，东至东海之滨，南至长江以南，北至长城沿线。他曾在峄山（今山东邹县境）、泰山、琅邪（今胶南）等处立碑、刻石，谴责旧六国统治者的黑暗统治，互相攻杀；歌颂他本人消灭六国、统一天下的功业。还申张秦法，宣扬威德。这些活动对威慑六国旧贵族残余势力、巩固新建国家的统一都起了重要的作用。

五

秦始皇的第五大功绩是"统一文

字"。中国在原始社会后期，尚无文字，曾用结绳记事。传说古圣人伏羲氏画八卦，用作书契记事。今天在考古发掘中，发现新石器时代的一些陶器上绘有各种美丽的图案、花纹，也有类似文字的刻画符号。稍后，大约即有文字出现。今天所见的最早的文字是商朝的甲骨文，刻在龟甲和牛肩胛骨上，距今约有三千二三百年了。商代的青铜器上也有文字，称为金文，数量很少。西周的青铜器上的文字较多，长篇多达四百余字。汉字本来是同源，但到春秋、战国时期，各国长期分裂割据，各国的文字独立发展、演变，文字结构产生歧异，而且日益严重，有的字的结构完全不同。如"马"，在甲骨文中作"𩻮"，西周铜器铭文中作"🐟"，战国时期的齐国作"🐟"，楚国作"🔵"，燕国作"🔵"，韩国作"🔵"，赵国作"🔵"，魏国作"🔵"，秦国作"🐟"，许慎《说文解字·后叙》说战国时期的这类情况是："田畴异亩，车涂（途）异轨，律令异法，衣冠异制，言语异声，文字异形。"秦始皇消灭六国，统一中国，为了政治和军事的需要，为了发展文化教育事业，下令由大臣李斯等主持，统一文字，当时称作"书同文字"。

统一文字不是简单地选定使用哪些文字，废除哪些文字，而是包括了对已有的文字进行一定的改革。其做法是以原秦国文字的字形为基础，使新字力求字形固定，笔画简省，书写方便，达到规范化。经过改革后的文字叫作"小篆"，也叫作"秦篆"，推行于全国。所谓"字形固定"主要是字的偏旁固定。例如"铸"字，在以往，"金"旁不固定，可写在左、右两边，亦可写在下边或字的腹中，即作"鑄、鑄、鑄、鑄"。秦统一文字之后，小篆作"鑄"。"金"旁定在左边，笔画也简省了许多，书写方便。

秦代的原始小篆应以李斯所书碑刻为代表。不过这些碑刻早已毁掉，原拓存世者也极少。峄山刻石久亡，宋淳化四年（993），郑文宝取其师徐铉摹本重刻于长安，两面刻，十一行，每行二十一字，现存陕西省西安碑林。泰山刻石已残，存字四行，每行十二字。现存山东泰山碧霞元君庙。存世拓本以明安国藏一百六十五字者为最古。

秦始皇统一文字对于巩固国家的统一，促进经济、文化的发展，都起了巨大的作用。对东亚一些邻国如日本、朝鲜和韩国、越南等国的历史、文化的发展，也起了巨大的作用。

六

秦始皇的第六大功绩是改变了古代中国人的国家观，就是破除了长期的分裂割据时代形成的狭隘的诸侯国家观，初步树立起了新的大一统的国家观。

中国古代的国家观是随着历史的发展而逐步明确、逐步形成的。西周时期的"溥天之下,莫非王土;率土之滨,莫非王臣"之说是早期的国家观。当时,人们认为周国就包括了天下。周王亦称天子,是天下的主宰。这一观点虽反映出了国家是阶级统治的工具这一基本事实,但就国家组成的基本要素来说,还失之笼统。至春秋时期,诸侯长期割据混战,互相兼并。适应这种形势,国家观亦有了新的发展:其一,明确了国家的要素有疆域,有人民;其二,突出了分裂割据的诸侯国的地位。这就是楚芋尹无宇所说:"天子经略,诸侯正封,古之制也。封略之内,何非君土;食土之毛,谁非君臣!"(《左传·昭公七年》)至战国时期,孟子进一步明确提出:"诸侯之宝三:土地、

人民、政事。"（《孟子·尽心下》）
"政事"主要是对国家行政和财赋的管
理。孟子之说标志着中国古代的国家观
已经形成，不过此国家观的基本特点
是狭隘的诸侯国家观。战国时期有没有
"大一统"的国家观呢？严格地说还是
没有的。孟子所说的"定于一"（《孟
子·梁惠王上》）、荀子所说的"四海
之内若一家"（《荀子·议兵》），以
及《尚书·禹贡》和邹衍的"九州"说
等，尚属进步思想家的一种含糊不清的
理想，还不是明确具体的国家观。

　　秦始皇消灭六国、统一中国之
后，情况就大不同了。新的大一统的国
家已存在的现实，反映到人们的思想
上，必然在逐步破除旧的分裂割据时代

形成的狭隘的诸侯国家观，树立起新的大一统的国家观来，这一国家观的变化，秦始皇起了主导的作用。始皇二十八年（前219）所立琅邪台刻石文曰："六合之内，皇帝之土，西涉流沙，南尽北户，东有东海，北过大夏，人迹所至，无不臣者。"《史记·秦始皇本纪》更具体曰："地东至海暨朝鲜，西至临洮、羌中，南至北向户，北据河为塞，并阴山，至辽东。"这不仅是中国古代多民族的统一国家的疆域至此时已初步奠定，就是"大一统"的国家观也已开始树立起来了。再从此后两千年的中国历史来看，应当说基本上是一部国家统一的历史。西汉、东汉、西晋、隋、唐、北宋、元、明、清等，都是基本上统一的朝代，时长共约一千五百余年。三国、东晋与十六国时期、南北朝、五代、南宋等，都是分裂时期，时长共约五百余年；但其中有三百多年的分裂时期主要是由民族矛盾造成的，就当时由汉族或少数民族建立的王朝来说，都统治着半个中国，而其内部基本上也是统一的；真正的分裂时间不过百余年。由此看来，我国的历史自秦朝以后，国家的统一是历史的主流，是历史的基本方面，在人们的头脑中认为是正常现象；国家的分裂是历史的支流，是历史的非基本方面，在人们的头脑中认为是不正常现象。因此，历代志士仁人和广大人民群众基本上是拥护统一，歌颂统一，捍卫统一；反对分裂，谴责分裂，要求消除分裂。历史上有作为的君主或政治家亦都是如此。两汉以后，巩固发展了秦始皇的大一统国家观，进而提出了"华戎一统"的问题，这是大一统国家观深刻发展并明确化、具体化的重要标志。如唐太宗、玄宗先后倡言"混六合以为家""烽燧不惊，华戎同轨"（依次见《唐大诏令集》卷四十二《和蕃》、《旧唐书·玄宗本纪下》）。少数民族出身的明君也有这样的主张。如北魏太武帝拓跋焘即怀有"廓定四表，混一戎华"（《魏书·太武帝纪》史臣曰）之志。元世祖忽必烈改国名"大蒙古"为"大元"，声言"见天下一家之义"（《元史·世祖本纪一》）。清乾隆皇帝说："我朝家法，中外一体。"（《热河志·徕远·乾隆诗》注）这里的"中外"是指中原和边疆民族地区。这些观点都是以秦始皇的国家观为基础又有所发展，或进一步深化，其主要特点就是更明确地体现了"多民族的统一国家"在形成和发展之中。这样的国家观在历代的文献中或骚人墨客的诗文中更不胜枚举。

七

秦始皇也犯有严重的政治错误，最重要的是"焚书坑儒"事件。

始皇三十四年（前213），秦始皇与大臣们在宫中举行宴会，博士仆射周青臣为始皇祝酒，称颂始皇"神灵明圣"，又说始皇"以诸侯为郡县，人人自安乐，无战争之患，传之万世"。始皇听了很高兴。可是有一个思想保守的博士名叫淳于越，当场批评周青臣是阿谀逢迎。他说："殷、周之王千余岁，封子弟功臣，自为枝辅。"他批评秦始皇废分封，置郡县。说如发生大臣篡权之事，无以自救。他还说："事不师古而能长久者，非所闻也。"（《史记·秦始皇本纪》）丞相李斯当场对淳于越的错误言论进行了批驳，他指斥淳于越是"愚儒"，谴责儒生们"不师今而学古，以非当世，惑乱黔首"，"入则心非，出则巷议，夸主以为名，异取以为高，率群下以造谤"（同上）。他认为这一群儒生是一种危险势力，建议始皇坚决制止他们的非法活动，并提出了焚书的建议。秦始皇批准了这个建议，焚书事件便在全国范围发生。

第二年，又发生了坑儒事件。起因是由于有些儒生和方士对始皇不满，攻击始皇"专任狱吏""乐以刑杀为威""贪于权势"等等。秦始皇认为他们"或为妖言以乱黔首"，就先后逮捕了四百六十多人，全部坑杀于咸阳。

焚书坑儒是秦始皇镇压政治反对派之举。这些被镇压者中的不少人政治思想保守，向往西周时的分土封侯制度，反对中央集权制和郡县制，其中还有一些骗人的方士；可是，秦始皇的镇压措施是野蛮的、残酷的、无法无天的，不问情节如何，一概焚，一概杀，这是一种政治暴行，对于中国古代文化是一次极严重的摧残。

秦始皇还有一个失策之处就是不惜民力，不"休养生息"，大搞徭役征发。在他当皇帝的十一年中，修宫殿，造陵墓，修长城，伐南越，开驰道等等，每年要征发丁男二百万人，约占当时总人口两千万的十分之一。丁男不够，又征发丁女。大量的劳动力脱离生产，田地荒芜，许多破产农民流离失所。这是秦末农民大起义的主要原因。

不过，我们对于秦始皇征发徭役所干之事不应一概否定。如为修阿房宫、造骊山陵，共征发徭役、刑徒七十万人，这是应当批判的。如为伐南越，征发了五十多万人；修长城，征发了三十多万人等，这些事项还是要一分为二的。既有积极的一面，也有给人民增加过重负担的一面。

至于"孟姜女哭长城"的故事，本来与秦始皇没有关系。此事原来发生在春秋时期，是齐大夫杞梁伐莒（今山东莒县）战死，其妻迎丧之事。战国时期的记载，无哭城之事。至西汉末年刘向《列女传四》，记杞梁殖战死，其妻哭于城下，十日而城崩。此城仍是莒之城。至唐人所编《琱玉集》记秦时燕人杞良筑长城而死，其妻孟仲姿哭于长城下，城即崩倒。后来民间传说：范喜郎修长城死，孟姜女哭长城。到北宋时，民间已出现了孟姜女庙，此外还有"孟姜女哭长城"歌曲在流传。这一故事和歌曲一直流传到近现代。这件事虽与秦始皇没有直接关系，但却反映了我国历代广大劳动人民对于封建官府征发繁重徭役的愤怒和抗议。

秦始皇在生活方面也相当奢侈，修宫殿很多。又为了长生不老，用方士求神仙，希望得到长生不死之药，花费很大。秦代的刑罚也很残酷，后代不少儒生骂秦始皇为暴君。这些问题都是存在的，但后代的宣传多过于夸张。与许多帝王相比，秦始皇的情况并不那么严重。

第二讲 秦始皇的功过是非

秦始皇的功过是非，永远是一个说不尽争不完的话题。两千多年前，他创建了一套"中央集权制度"，不知什么原因，竟触怒了今天的一些学者，又再次被指责为"暴君"，并扣以新制的大帽子——专制主义中央集权制的始作俑者。当然，这样的观点有人赞成，但也有人反对。反对者认为：中央集权制应当肯定。因为它适应了当时中国的国情，所以为历代王朝所继承，而且行之有效。至于"暴君"问题，似失之片面，不能攻其一点，不计其余。今将浅见述下。

（一）

秦始皇的第一大功绩，是"消灭六国，统一中国"。有人认为此话是老生常谈。虽是老生常谈，但不能就认为是人云亦云，其实是各有见解的。如一位历史循环论者看此话，就会"话说天下大势，合久必分，分久必合"。用此观点评价秦始皇，其功业必然不甚了了。但请一位历史发展观者看此话，其议论可能大大不同。他会说：秦始皇消灭了一个旧时代，开启了一个新时代。不仅如此，还会说：秦始皇又"废封建，置郡县"；继续开疆拓土，为后代的帝王树立了"天子经略，诸侯正封"（《诗·小雅·北山》）的好榜样。

所谓"旧时代"，是指秦朝以前的夏、商、周三代。所以言其"旧"，是因为三代时的所有国家的制度都很落后，而且疆域从未统一。就其制度而言，当时的大小国家都是由原始社会末期的氏族、部落演化而来，依托于血缘宗法，建立其政治制度。夏、商、周三个王朝原为三个大国，文化比较发展。中等国谓之方国或诸侯，小者以族属为名，星罗棋布。其生存状态，一直处于融合与兼并的过程中。史称：夏时诸侯，号称万国，至商而有三千，至周而有八百，至春秋，存者仅百余国。春秋与战国是社会转型时期，战争之多，恶性循环。至有"春秋无义战"之说。战国时期之七雄，都号称"万乘之国"，每逢大会战，双方出兵常以十万计。"争地以战，杀人盈野；争城以战，杀人盈城。"（《孟子·离娄》）其惨烈之状，难以言表。以致更加剧了社会混乱，经济凋敝，壮者散至四方，老弱转死沟壑。事实说明，这个旧时代已经走到了尽头。

梁襄王的魏国虽相当落后，但还是个大国。他为长期战乱而忧心，曾向孟子请教。他问："天下恶乎定？"答："定于一。"又问："孰能一之？"答："不嗜杀人者能一之。"（《孟子·梁惠王上》）两人都希望天下安定，可是怎样实现天下安定，梁襄王"好战"，孟子"反战"，两人的主张，南辕北辙，而且都不切合实际。但当时的秦国却为"旧时代"找到了一条比较可行的新出路，就是通过"商鞅变法"，破旧立新，以农养战，富国强兵，逐步吞并六国，走"海内一统"之路。秦经过孝公、惠文王、武王、昭王、孝文王、庄襄王六代之经营，至秦王政时，诛其君，吊其民，只用了十年时间（前230—前221），就"消灭六国，统一中国"。结束了纷纷扰扰长达数百年的旧时代，开启了天下大一统的新时代。

关于旧时代的疆域，文献记载不多。夏朝的疆域跨今黄河中游的南北两侧，商灭夏朝，疆域扩至黄河中下游两侧，但均无明确疆界。西周灭商之后，号称"溥（普）天之下，莫非王土"（《诗·小雅·北山》）。据春秋前期王室大夫詹桓伯曰："我自夏以后稷、魏、骀、芮、岐、毕，吾西土也；及武王克商，蒲姑、商、奄，吾东土也；巴、濮、楚、邓，吾南土也；肃慎、燕、亳，吾北土也。"（《左传·昭公九年》）周王室在这个范围之内仍未统一，王室只占据邦畿以内地区，其他皆为大小封国，都处于独立或半独立的状态，春秋时期，王室衰微，大国争霸；战国时期，七雄并争，都谈不上统一。只是到秦始皇时，才"六王毕，四海一"（杜牧《阿房宫赋》），从根本上改变了原有的疆域形势。然而，秦始皇的可贵之处还不全在于此；而又在于他已灭六国之后，并不停止前进的步伐，而是命灭楚的军事统帅王翦继续向东南进军。东越投降，将其疆土划入会稽郡（治今江苏苏州）。闽越投降，就地设闽中郡（治今福建福州）。又命尉屠睢等进军岭南，在南越北区设南海（治今广东广州）、桂林（治今广西桂平）、象（治今崇左）三郡。又命常頞向西南夷进军，开五尺道，自今四川宜宾南通云南曲靖。始皇三十二年（前215），又命将军蒙恬率士卒三十万北逐匈奴，收复河南（今内蒙古伊克昭盟），置三十四县。又北渡河，据阴山，连接旧时秦、赵、燕长城为一，西起临洮（今甘肃岷县），东至鸭绿江，延袤万里，以北防匈奴，这就是著名的万里长城。此时，秦之疆域"东至海暨朝鲜，西至临洮、羌中，南至北向户（今越南中部），北据河为塞，并阴山，至辽东"（《秦始皇本纪》）。比西周时之疆域至少要超过五倍，为今天祖国之疆域奠定了基础。

（二）

秦始皇第二大功绩，是"废封建，置郡县"。此"封建"一词不是指社会性质，而是指政治制度，即"封诸侯，建藩卫"之省语。有人理解：这只是改变了地方行政制度，如说："改国称郡，罢侯置守。"这一理解过于肤浅。其实际的内容很多，包括了从中央到地方所有政治制度的全面彻底的改革，其中包括了对人事制度的改革等。

改革以前的旧的政治制度是依托于血缘宗法关系建立起来的，始行于夏朝，发展于商朝。至西周前期，已形成较完善的制度。此制度的核心价值为：严格嫡庶的权益分配；以嫡统庶，以庶辅嫡。时称："封建亲戚，以蕃屏周。"（《左传·僖公二十四年》）西周前期，就是用这一制度统治天下，王室和诸侯国都获得了稳定和发展，证明此制在当时是有效的。可是，二百年后，此制日益腐朽，不为人所遵守。首先严重破坏宗法政治的事件发生在周王室。如周幽王废申后，另立姜褒姒为后；又废申后所生太子宜臼，另立褒姒所生伯服为太子。此事惹怒申后之父申侯，他联合犬戎，攻破西周国都镐京（今陕西西安西），杀幽王，西周灭亡。太子宜臼立为平王，东迁洛邑（今河南洛阳），史称东周。东周王室和诸侯们似未从幽王事件中得到应有的教训，从平王之子桓王开始，几乎代代都有废嫡立庶之事发生，而且都引起战乱。诸侯大国如齐、鲁、卫、晋、郑等莫不如此。春秋前期，王室大夫辛伯曾警告曰："并后，匹嫡，两政，偶国，乱之本也。""并后"就是"妾如后"；"匹嫡"就是"庶如嫡"；"两政"就是"臣擅命"；"偶国"就是"都如国"。（《左传·桓公十八年》及杜注）由于这些原因，致使春秋二百数十年间，"弑君三十六，亡国五十二，诸侯奔走不得保其社稷者不可胜数。"（《史记·太史公自序》）至战国时期，宗法政治因腐朽而内斗更加严重，异姓卿大夫乘虚而入。春秋末年，晋国异姓大夫韩、赵、魏三家已经控制了姬氏的国家大权，并三分其国土。前403年，周威烈王赐三家为诸侯。前376年，三家灭晋。齐国国君本姓姜氏，而异姓的田氏却早已控制了姜氏的国家大权，前386年，周安王赐田和为诸侯，取姜氏而代之，仍以齐为国号。关东，包括燕、楚两个旧国在内，新旧六国都曾进行过一些改革，但成效甚微。基本上是旧制度、旧势力在垂死挣扎。一旦强秦进攻，即丢盔弃甲，束手待毙。

秦始皇所创新制，可以说比较彻底地消除了旧的宗法制的羁绊和模式，从当时的政治和社会的实际需要出发，创建了一套系统完整的国家制度。本文为了说明的方便，分中央和地方两级，各举两例，略述于下。

一、中央——以皇帝为首，由三公九卿组成中央机构

1.皇帝为国家元首——秦始皇敢于"坏先王之制"，废"王"号，称"皇帝"，这是出于全面改革的需要。皇帝已非旧制本族之"大宗"，而是至高无上的国君。与之相应，皇后已非旧制国

王众妻之正，而是执掌六宫、母仪天下的女主。皇太子已非旧制本族之"宗子"，而是储君，法定的皇位继承人。此新制创行，将降低旧制时发生"并后、匹嫡、两政、偶国"的几率，清除乱政之源。

2. 由三公九卿组成中央政务机构——废除旧时之世卿世禄制或谓之世官世职制，由命官三公九卿组成中央政务机构，以处理日常政事。三公为丞相、太尉、御史大夫。丞相为"百官之长"，但非旧时之宰衡，只是皇帝的助手。故曰："掌丞天子，助理万机。"（《汉书·百官公卿表上》，下引此表不再注）太尉掌军事，御史大夫掌副丞相兼监察。九卿分掌庶政，如兵、刑、钱谷等事。九卿不足，因事设列卿主之。公卿皆非世职，由皇帝任免。

秦朝是多民族国家，九卿中之典客与列卿中之典属国分掌民族事务。《百官公卿表上》曰："典客，秦官，掌诸归义蛮夷，有丞。……属官有行人、译官、别火三令、丞及郡邸长、丞。""典属国，秦官，掌蛮夷降者……属官，九译令。"秦之中央仅有十六卿，而以两卿掌民族事务，说明了秦始皇对民族问题极重视。

二、地方行政——地方政区分郡县两级，基层分乡、亭、里

1.地方行政为郡县两级制——秦始

皇彻底废除旧的分土封侯制。初分天下为三十六郡，后增至四十郡，郡直属中央，置守、尉、监三长，分掌行政、军事、监察。郡下设县，置令（长）、丞、尉三长，分掌行政、文狱、军事。郡县主要长官由命官充当，由皇帝任免。

2.乡、亭、里——归并自然聚落为基层政区乡、亭、里。县下设乡，乡下设亭、里。基层官吏有乡三老、亭长、里正等，均推举本地殷实户主充当，各有执掌。

秦始皇所创新制是一套比较完整系统的多民族、大一统、中央集权的国家制度。这套新制度的创建，是中国古代政治制度发展到更高阶段的标志，也是中国古代政治文明的典范。自"汉承秦制"(《后汉书·班彪传》)直到明清，历代王朝都以秦制为国家制度的基本模式。这套制度是中华民族的守护神，两千余年以来，疆土的保卫、国家的统一、社会的稳定、民族的团结、经济的发展、文化的传承，都有赖于这套制度得以实现。

（三）

秦始皇的第三大功绩，是"统一经济制度，统一文字"。旧时七国的经济制度和文字的形状有很大差别。东汉学者许慎曰："（战国）分为七国，田畴异亩，车途异轨，律令异法，衣冠异制，言语异声，文字异形。"（《说文解字·序》）这些问题的存在，对统一的国家极为不利。秦始皇下令统一的事项很多，今择其中最重要者简述如下。

1."使黔首自实田"，实行土地私有制度——所谓"田畴异亩"，不仅谓亩积的大小不一，还有土地所有制及与之相关的问题在内。问题长期积累，形成了老大难。西周时期行土地国有制，名井田制。至春秋时期，此制已过时了，以致发生了"无田甫田，维莠骄骄"（《诗·齐风·甫田》）的情况。反映出当时的社会生产关系与新的生产力不相适应。亦影响到国家的赋税征收。在此情况下，各国多在进行"税改"。前645年，晋国首先"作爰田"；继之为齐国"案田而税"，或曰"相地而衰征";鲁国"初税亩";楚国"书土田","量入修赋";郑国"作丘赋";秦国的税改最晚,于前408年"初租禾"。但是仅仅税改不解决根本问题。秦国又在"初租禾"之后五十年,用商鞅之法,"除井田,民得卖买。"(《汉书·食货志上》)秦国率先比较彻底地废除了旧的土地国有制,实行土地私有制。秦始皇灭六国之后,于三十一年(前216),又下令"使黔首自实田"(《史记·秦始皇本纪》集解引徐广语),就是在全国范围废除土地国有制,实行土地私有制,农户据实登记田地,按亩纳税。秦始皇此令的颁行是我国古代土地私有制确立的标志。

2.统一货币、度量衡、车轨——此

事是由左右丞相隗状和王绾主持，以原秦制为基础统一之。此举对稳定社会秩序，改善人民生活，方便国家税收，促进民间贸易，形成较大的共同市场等，都起了积极的作用。

3.统一文字——汉字同源，传至商代的甲骨文阶段，已相当成熟。到战国时期，列国长期分立，"言语异声"等各种因素影响到文字的发展，出现了"文字异形"现象。秦灭六国后，授命廷尉李斯主持统一文字事宜。李斯以原秦国字体为基础，创制字形固定、笔画简省、书写方便的小篆（或称秦篆）作为规范化文字，推行于全国。统一文字对于巩固国家的政治统一，促进经济、文化的发展，都起了巨大的作用。

（四）

秦始皇的错误也是严重的。最主要的错误有两项：

1.焚书坑儒——秦始皇烧尽民间藏书，坑杀大批无辜的士人学者，严重摧残了我国古代文化，这是一种政治暴行。

2.徭役太重，不恤民力——秦始皇在灭六国之后，本应立即实行轻徭薄赋政策，给人民以"休养生息"的机会。可是他却好大喜功，内则大兴土木，外则劳师远征，使广大人民群众苦不堪言。于是陈胜、吴广揭竿而起，天下响应，推翻了秦朝的统治。

总的来说，秦始皇功大于过。他的功过都是我国的宝贵文化遗产。好的，我们应当珍惜，批判继承，发扬光大。坏的，也应当总结，作为教训，永远引以为戒。

第三讲　中央集权制度的创建与执行

秦汉是我国历史开始进入多民族与大一统国家的时期，也是中华文明进入多更新、多创造的时期。在这一时期中，无论政治、经济、文化各个方面，都有新的文明不断涌现。但其中作用最大、影响最深，又对后代的历史发展具有奠基意义的文明，首推政治文明中的中央集权制度。这一制度的性质不是像有些人所说的，是"封建专制主义"，是"极权主义"，当然更不是从它一产生就是"反动"的，作为封建国家政权，有其合理存在的一面。我们要有历史主义的观点，分清其上行时期和没落时期，不能一概骂倒。本文要谈的是其合理的内核，其中主要包括了大一统、多民族和中央集权三事。此三事环环相扣，缺一不可。正因为这样，此制度自其诞生之日起，即成为封建国家的基本政治制度，而且历代相袭。两千年来，此制度以其特有的威力和生命力在推动着中国的历史向前发展。

—

我之所以称这一制度为"中国古

代政治文明的历史典范"，有如下三点理由：（一）此制度首创于秦朝，是适应当时的政治需要和历史发展趋势产生的；（二）秦朝以此制度为国家的基本政治制度，此制度对各级官府机构的设计及官吏的职掌基本完善；（三）自"汉承秦制"之后，历隋、唐、宋、元、明、清各主要王朝，无一不是引作国家的基本政治制度而沿袭下来。

此制的创始人是秦王嬴政，创始的时间是在始皇二十六年（前221）。他还创建"皇帝制度"，以为中央集权制的核心与灵魂，并毫无谦意地称"始皇帝"，此事遭致后代不少人的非议。创始制度的时间是在刚灭六国、秦朝正在召开的第一次廷议上。当时有人主张行"分封制"，也有人主张行"郡县制"。廷尉李斯曰："周文、武所封子弟同姓甚众，然后属疏远，相攻击如仇雠；诸侯更相诛伐，周天子弗能禁止。今海内赖陛下神灵一统，皆为郡县；诸子、功臣以公赋税重赏赐之，甚足易制，天下无异意，则安宁之术也。置诸侯不便。"[①]秦始皇支持此议，于是，历西周、春秋、战国八百余年的、与宗法制结合的"世卿世禄制"和"分土封侯制"被废除；以皇帝为首、由功臣和文吏等官僚组成的自中央到地方的中央集权机构诞生，这就是中央集权制度。此制度分为三级：

1.皇帝——国家元首，是政治核心、权力顶峰，即所谓"皇权"。皇位世袭，父死子继，是"家天下"制度。

2.三公九卿——中央机构。三公为丞相、太尉、御史大夫，是皇帝的主要辅佐；丞相"掌丞天子，助理万机"；太尉"掌武事"；御史大夫"掌副丞相"，主监察百官；九卿为庶政机构，主要在丞相之领导下，分管兵刑钱谷等事。此外，还有前后左右将军，管出征、兵事；诸卿，管中央庶政事务。

3.郡县——地方行政机构，分两级。郡守、尉，分管一郡之行政、军事。另设监御史，监察郡事。县令（长）、丞、尉，分管一县之行政、司法、军事等。

中央和地方的主要官吏都由皇帝任免。选贤任能，与血缘无关。

中央集权制度各事，战国时期略见端倪，在《七国考》一书中无法连缀成章。清末民初的著名史家夏曾佑说："秦人革古创今之大端有十：并天下，一也；号皇帝，二也；自称曰朕，三也；命为制，令为诏，四也；尊父曰太上皇，五也；天下皆为郡县，子弟无尺土之封，六也；夷三族之刑，七也；相国、丞相、太尉、御史大夫、奉常、郎中令、大夫、卫尉、太仆、廷尉、鸿胪、宗正、内史、少府、詹事、典属国、监御史、仆射、侍中、尚书、博士、郎中、侍郎、郡守、郡尉、县令等皆秦官，八也；朝仪，九也；律，十也。"[2]这套几乎全新的制度包含了秦始皇和李斯等人的天才创造。尽管这套制度创行后，历代都有人从不同角度有所指责，但总的来说是符合时代需要的。西汉灭亡之初，天下混乱，史学名家班彪对割据天水（今甘肃通渭西）的隗嚣曰："周之废兴，与汉殊异。昔爵五等，诸侯从政，本根既微，枝叶强大，故其末流有从横之事，势数然也。汉承秦制，改立郡县，主有专己之威，臣无百年之柄……方今雄桀带州域者，皆无七国世业之资，而百姓讴吟，思仰汉德，已可知矣。"[③]这种反对分裂、主张统一的言论，不为隗嚣所赞同；但此后的东汉、唐、宋、明、清等王朝都承"秦制"，中央集权制度在这些王朝中正常有效地运营各达二百余年，保证了这些王朝的国家基本统一，民族互相包容，社会相对稳定，经济、文化迅速发展。正是由于有这些王朝的积累，为我们今天统一的、多民族的、中央集权的伟大祖国的形成奠定了基础。

二

说秦汉为我国古代的统一大业做出了巨大贡献，谁都不否认。但统一的具体状况，知者不多。

秦朝经营边疆，对六国之楚、赵、燕三国经营边疆来说，是步其余绪；对秦本身来说，是继续扩大国家的版图。如秦之攻略岭南两越，性质就是如此。两越古称"百越"，原来的部属很多，在今浙江境内和江西东部的为东瓯（东越），在今福建境内的为闽越，在今广东和广西东部、湖南南部的为南越，在今广西西部、南部和云南东南部的为骆越，或称西瓯、西瓯骆。史称战国中期以后，楚"南平百越"④。至秦代，并为东越（包括东瓯和闽越）、南越，合称两越。秦灭楚国时，东瓯和闽越的君长都降秦，秦以东瓯属会稽郡，闽越置闽中郡。后来秦又进占岭南至海岸，设南海（治今广东广州）、桂林（治今广西桂平）、象（治今崇左）三郡，实现了对南方的统治。

秦在北方对匈奴用兵，是收复旧赵、燕的失地。关于赵国的北境，《史记·匈奴列传》曰：战国中期，"赵武灵王亦变俗胡服，习骑射，北破林胡、楼烦，筑长城，自代并阴山下至高阙为塞，而置云中、雁门、代郡"。现代史学名家翦伯赞说："现在有一段古长城遗址，断续绵亘于大青山、乌拉山、狼山靠南边的山顶上，东西长达二百六十余里，按其部位来说，这段古长城正是赵长城遗址。"⑤关于燕国的北境，《匈奴列传》曰：战国后期，"燕有贤将秦开，为质于胡，胡甚信之。归而袭破走东胡，东胡却千余里……燕亦筑长城，自造阳（今河北沽源南）至襄平（今辽宁辽阳），置上谷、渔阳、右北平、辽西、辽东郡以拒胡"⑥。根据上述情况，赵、燕的北境都是以长城与匈奴或东胡为界的。后来在秦灭六国期间，赵、燕的北境边防松弛，匈奴乘机南侵，入赵长城，占据河南地区（今内蒙古鄂尔多斯）。秦灭六国后，先命将军蒙恬率士卒三十万人北逐匈奴，收复河南，置三十四县，迁内地居民以充实此地。后又北渡黄河，据阳山（狼山之西）、北假（阴山南麓），修缮、连接旧秦、赵、燕北长城，西起临洮（今甘肃岷县），东至鸭绿江畔，延袤万余里，这就是著名的万里长城。由此看来，秦逐匈奴，也是为了统一北疆。此后，秦的北境基本上与旧赵、燕两国的北境相当。

秦朝在西南方面的经营也有统一的意义。战国中后期，秦国的西南境已达今四川之西部和南部的平原地区。而楚国的将军庄蹻已率卒循沅江西南进，经黔中（今湖南沅陵）、且兰（今贵州黄平）、夜郎（今云贵交界处），直到滇池附近。他原想将此情况回报楚王，但因秦国已攻占黔中郡，断了他的归路。《史记·西南夷列传》曰："滇池，地方三百里，旁平地，肥饶数千里。"此后，庄蹻及其部属变更服饰，从滇人习俗，在滇建国，庄蹻为国王。秦始皇灭楚后，曾派将军常頞发巴、蜀士卒进军西南夷，并开五尺之道。大约仅占据了今之滇东北地区，未达滇池。《史记·西南夷列传》曰：秦于"诸此国颇置吏焉"。也就是说，秦对西南夷的平定工作只做了一小部分。

西汉对边疆的经营，一半是反对分裂，一半是排除侵扰，加强大一统的意义更为明显。此外，又经营西域，把西域纳入中原王朝的版图，这是中华民族统一事业的巨大发展。

西汉经营两越是为平定分裂、叛乱，恢复、加强国家的统一。两越在秦朝原已统一于中央，并设置了五郡。可是在秦末农民大起义时，东越的越人贵族无诸和摇乘机起兵独立；南海郡尉、中原人赵佗起兵占据南海、桂林、象三郡，自称南越王，亦独立。西汉初年，刘邦以"天下初定，士卒罢于兵"⑦，无力统一，就承认赵佗为南越王，又封无诸为闽越王。其子惠帝封摇为东海王（或称东瓯王），三越王在名义上臣属于汉朝，实际都割据、独立，互相攻杀，还不时侵犯中原。汉武帝即位不久，闽越先进攻东瓯，后又侵犯南越，武帝出兵消除了闽越贵族的统治，先后将东瓯人和闽越人迁于江、淮之间。后南越人内讧，反汉势力杀掉汉使和亲汉的国王和王太后。武帝于元鼎五年（前112）派水陆四支大军进攻南越，平定了叛乱，废除王国制，改置南海等九郡。⑧从此消除了岭南长达百年的分裂割据局面，纳于中央的直接统治之下。

汉武帝经营西南夷，兼有统一和开拓的性质。武帝经营西南夷的动机有二：一为伐南越，拟从今之北盘江运兵南下，直捣番禺（今广东广州）；一为打通滇缅通道，今谓之西南丝绸之路。武帝先收复了原为秦"颇置吏"之地区，即"秦灭，及汉兴，皆弃此国"⑨

者，直到楚人建立的滇国。在这一地区的阻力不大，多数主动内属。武帝封原有的王侯仍为王侯，赐以印绶，以其地置犍为等西南七郡[10]。这些地区包括了今之云南中部、贵州和四川西部、甘肃东南部。但武帝派人再西南行，即为洱海附近的昆明夷所阻，未能过洱海以西。至东汉明帝时，汉的西南边疆才达到今保山地区。

西汉经营边疆最艰苦的工作莫过于对付匈奴的不断侵扰。西汉初年，匈奴十分强大，单于冒顿为掠夺汉人的财物，经常率部南下。刘邦在灭项羽后，曾亲率三十二万大军北击匈奴。可是至平城（今山西大同），被冒顿以四十万骑兵困于白登山。后虽设计突围，但从此对匈奴只能"和亲",不敢言战。就是这样,匈奴还时常入侵,有时"烽火通于甘泉、长安"[11],西汉的北境长年动荡不安。文、景时期,汉朝一面继续与匈奴"和亲",每年赠送若干絮、缯、酒、大米等给匈奴贵族,讨其欢心;一面训练士卒,储备军粮,增殖马匹,准备反击匈奴。武帝即位,听信将军王恢之谋,于元光二年(前133),以三十万大军埋伏于马邑(今山西朔县)附近,企图诱击匈奴单于,单于惊觉而逃,从此拉开了汉匈大战的序幕。史称此事件为"王恢谋马邑,匈奴绝和亲"[12]。此后,汉、匈之间连续进行战争约十五年。从元朔元年(前128)至元狩四年(前119)的十年中,共进行了三次大战。第一次大战，汉使将军卫青率三万骑北击匈奴，收复了河南地（今鄂尔多斯），设朔方、五原郡，解除了匈奴对首都长安的威胁。第二次大战，汉使将军霍去病率数万骑北击匈奴，深入匈奴两千余里，夺得祁连山与河西走廊，汉先后在这里置酒泉、武威、张掖、敦煌四郡，打开了通向西域的孔道。第三次大战，匈奴各以数万骑入侵右北平和定襄郡，杀略惨重。武帝以卫青出定襄，霍去病出代郡，各将骑兵五万，步兵数十万，另有志愿从征者四万匹马，粮食辎重还不计在内。卫青大破单于军，北至赵信城（今蒙古国杭爱山南）而还。霍去病出代郡两千余里，大破左贤王军，至狼居胥山（今乌兰巴托东），临翰海（今呼伦湖与贝尔湖）而还。从此，匈奴北徙漠北。汉自朔方西至令居（今甘肃永登），以六十万吏卒屯田，加强防守。但汉在战争中，损失士卒数万人，马十余万匹，无力再进行大规模的战争；匈奴也损失惨重，后分裂为五部，互相攻杀，无力与汉再战。汉、匈之战逐渐停止。后来汉武帝曾对卫青说："汉家庶事草创，加四夷侵陵中国，朕不变更制度，后世无法；不出师征伐，天下不安。为此者，不得不劳民，若后世又如朕所为，是袭亡秦之迹也。"⑬可见汉武帝对匈奴之用兵属于迫不得已，实际也是必要的。

周、秦、西汉的疆域，代有记

载，不过有详有略。春秋时王室大夫詹桓伯言西周的疆域曰："我自夏以后稷，魏、骀、芮、岐、毕，吾西土也；及武王克商，蒲姑、商、奄，吾东土也；巴、濮、楚、邓，吾南土也；肃慎、燕、亳，吾北土也。"[14]至秦，琅邪台刻石曰："六合之内，皇帝之土，西涉流沙，南尽北户，东有东海，北过大夏，人迹所至，无不臣者。"[15]此时的疆域不仅范围广大，而且"海内为郡县，法令由一统"[16]。可是至汉武帝之后，疆域更加广大而且统治牢固。本部地区，以黄河、长江、珠江三大流域为主体，东至东海，西至葱岭，南至海南岛以南，北至阴山以北，"东西九千三百二里，南北万三千三百六十八里"。郡国一百三，县道国邑一千五百八十七，"民户千二百二十三万三千六十二，口五千九百五十九万四千九百七十八"，著名史学家班固称赞说："汉极盛矣！"⑰此外，尚有西域地区。《后汉书·西域传》曰："西域内属诸国，东西六千余里，南北千余里。东极玉门、阳关，西至葱岭，其东北与匈奴、乌孙相接。南北有大山，中央有河，其南山东出金城，与汉南山属焉。"⑱如加上此地，更极盛矣。夏曾佑评论曰："中国之政，得秦皇而后行；中国之境，得汉武而后定。"⑲此言不虚。

三

关于讲秦汉的"民族互相包容",似是"天方夜谭"。因为在大家的印象中,秦汉是民族战争最多的时期,而且民族之间仇恨很深,互不相让。以秦为例,贾谊《过秦论》上曰:"(秦)南取百越之地,以为桂林、象郡,百越之君俯首系颈,委命下吏。乃使蒙恬北筑长城而守藩篱,却匈奴七百余里,胡人不敢南下而牧马,士不敢弯弓而报怨。"[20]至于两汉,大家所熟知的则是前有"王恢谋马邑,匈奴绝和亲",后有"马边悬男头,马后载妇女"[21]。只有"昭君出塞"一例,那只不过是匈奴呼韩邪单于与汉元帝的宫女王昭君适逢其会。我认为这些认识太表面性、片面性了。本质的问题是要看秦汉是不是统一的、多民族的、中央集权的国家？秦汉的主要帝王将相认识到还是认识不到国内和边疆地区存在有少数民族，民族之间需要互相包容、和平相处？哪怕是不太自觉，不太自愿。我认为回答这些问题，都是肯定的。因为此时已非春秋时期，"华夷之辨""内诸夏而外夷狄"[22]之说已不切合实际。历史的发展趋势是民族间需要包容、和平；战国以来，国家发展的主流趋势是多民族与大一统，秦国本身就是一个范例。秦王朝建立，在这一方面有更大的甚至是质的发展。秦汉王朝对匈奴的战争不是偶然、孤立的事件，对于秦汉王朝来说，应当联系它们的基本政治制度找原因，对于"和亲"事件的认识也应如此。

反映秦汉基本政治制度的民族政策部分，在《汉书·百官公卿表上》有这样一些记载，今自中央到地方，分别文、武职，录于下。必要时，补以《后汉书·百官志》的有关资料[23]。

（一）中央官职

文官

1.九卿之一（中二千石）

"典客，秦官，掌归义蛮夷，有丞。景帝中六年（前144）更名大行令，武帝太初元年（前104）更名大鸿胪。属官有行人、译官、别火三令、丞及郡邸长、丞。武帝太初元年（前104）更名行人为大行令，初置别火。王莽改大鸿胪曰典乐。初，置郡国邸属少府，中属中尉，后属大鸿胪。"《后汉书·百官志二》本注曰："掌诸侯及四方归义蛮夷。其郊庙行礼，赞导。请行事，既可，以命群司……四方夷狄封者，台下鸿胪召拜之。"

2.列卿之一（二千石）

"典属国，秦官，掌蛮夷降者。武帝元狩三年（前120），昆邪王降，复增属国，置都尉、丞、候、千人。属官，九译令。成帝河平元年（前28）省并大鸿胪。"《百官志二》本注曰："别主四方夷狄朝贡、侍子。"

武官

1.八校尉之一（二千石），"皆武帝初置"。

"中垒校尉，掌北军垒门内，外掌西域"，"有丞、司马"。

2.八校尉之二（二千石）

"越骑校尉，掌越骑"，"有丞、司马"。颜注引如淳曰："越人内附，以为骑也。"

3.八校尉之三（二千石）

"长水校尉，掌长水宣曲胡骑"，"有丞、司马"。师古曰："长水，胡名也。宣曲，观名，胡骑之屯于宣曲者。"

4.八校尉之四（二千石）

"胡骑校尉，掌池阳胡骑，不常

置"，"有丞、司马"。师古曰："胡骑之屯池阳者也。"

5.西域都护

"西域都护，加官，宣帝地节二年（前68）初置，以骑都尉、谏大夫使护西域三十六国。有副校尉，秩比二千石，丞一人，司马、候、千人各二人。"

6.戊己校尉，驻西域。

"戊己校尉，元帝初元元年（前48）置，有丞、司马各一人，候五人，秩比六百石。"师古曰："有戊校尉，有己校尉。一说戊己居中，镇覆四方。今所置校尉亦处西域之中，抚诸国也。"

（二）地方官职

1.道（一般政区，相当于县）

"县令、长，皆秦官，掌治其县……列侯所食县曰国，皇太后、皇后、公主所食曰邑，有蛮夷曰道。"《汉书·地理志下》曰："县邑千三百一十四，道三十二，侯国二百四十一。"道分别置于零陵、广汉、越巂、武都、陇西、天水等郡。

（三）监护官长，

《后汉书·百官志五》记载：

1."又置属国都尉，主蛮夷降者。中兴，建武六年（30），省诸郡都尉，并职太守……唯边郡往往置都尉及属国都尉，稍有分县，治民比郡。"

2．"使匈奴中郎将一人，比二千石。本注曰：主护南单于。置从事二人，有事随事增之，掾随事为员。"

3．"护乌桓校尉一人，比二千石。本注曰：主乌桓胡。"刘昭注补引应劭《汉官》曰：

"拥节。长史一人，司马二人，皆六百石，并领鲜卑。客赐质子，岁时胡市焉。"《晋书》曰："汉置东夷校尉，以抚鲜卑。"

4．"护羌校尉一人，比二千石。本注曰：主西羌。"刘昭注补引应劭《汉官》曰："拥节。长史、司马二人，皆六百石。"

（四）内属王侯官长

《后汉书·百官志五》记载：

"四夷国王、率众王、归
义侯、邑君、邑长，皆有丞，比
郡、县。"

上引资料反映了统一的、多民族
的、中央集权的国家应有的基本政治制
度的特点。这些特点绝不是可有可无或
故而为之的，而是作为国家的必要政治
制度而设，为实现民族间的包容、和
平、团结、发展而设的。

四

中央集权国家对发展社会经济和文化教育事业都相当重视。这只要检阅《汉书·百官公卿表上》即可得知：

"治粟内史，秦官，掌谷货，有两丞。景帝后元年（前144）更名大农令，武帝太初元年（前104），更名大司农。属官有太仓、均输、平准、都内、籍田五令、丞，斡官、铁市两长、丞。又郡国诸仓农监、都水六十五官长、丞皆属焉。搜粟都尉，武帝军官，不常置。王莽改大司农曰羲和，后更为纳言。初，斡官属少府，中属主爵，后属大司农。"

"奉常，秦官，掌宗庙礼仪，有丞。景帝中六年（前144）更名太常。属官有太乐、太祝、太宰、太史、太卜、太医六令、丞……又博士及诸陵县皆属焉……博士，秦官，掌通古今，秩比六百石，员多至数十人。武帝建元五年（前136）初置五经博士，宣帝黄龙元年（前49）稍增员十二人。"

又《后汉书·百官志二》："太史令一人，六百石。本注曰：掌天时、星历。（下略）博士祭酒一人，六百石……博士十四人，比六百石。本注曰：《易》四，施、孟、梁丘、京氏。《尚书》三，欧阳、大小夏侯氏。《诗》三，鲁、齐、韩氏。《礼》二，大小戴氏。《春秋》二，《公羊》严、颜氏。掌教弟子。国有疑事，掌承问对。"

文献有关这一方面的制度或史事还有很多。正因为如此，在这一时期出现的有关经济和文化教育方面的文明点也很多，有不少文明点受到国家的保护和扶植，以至于成为在此后两千余年的封建时代的文化典范。

关于经济文明，在中国的封建时代，要首推土地私有制度，这是中国封建社会生产关系的基础。这一制度大约产生于战国时期，在秦汉时期得以确立和发展。在土地私有制产生之前，是实行土地国有制，即所谓井田制，这是一种由农村公社所有制转化而来的农奴制度。至春秋时期，由于生产力低下，剥削残酷，农奴们在公田上消极怠工，或相率逃亡。《诗·齐风·甫田》曰："无田甫田，维莠骄骄。""无田甫田，维莠桀桀。"㉔"甫田"就是大田或公田，"骄骄"和"桀桀"都是形容野草丛生的样子。《汉书·食货志上》曰："周室既衰，暴君污吏慢其经界，徭役横作，政令不信，上下相诈，公田不治。"这是社会生产关系与生产力不相适应的表现。由此而井田制逐渐瓦解，土地私有制逐渐产生。土地私有制最基本的特点，尤其是在其早期，田地归耕种的农民所有，因之大大调动了农民生产的积极性。《墨子·非命下》曰："今也，农夫之所以早出暮入，强乎耕稼树艺，多聚叔粟，而不敢怠倦者，何也？曰：彼以为强必富，不强必贫；强必饱，不强必饥，故不敢怠倦。"㉕这是说个体农民为什么要努力生产的道理。又《吕氏春秋·审分览·审分》曰："今以众地者，公作则迟，有所匿其力也；分地则速，无所匿迟也。"㉖这是说农民集体劳动时并不出力，分地单干时则不遗余力。所以这样，无非是为了争得一己的温饱。可是正因为如此，社会生产力就得到提高，正常的再生产得到延续。

中央集权国家是承认并保护土地私有权的。秦始皇三十一年（前216），下令"使黔首自实田"㉗，就是要占有田地的人民据实向政府登记，以便按亩纳税，这实际是承认土地私有权的合法性。这道法令的推行，在全国范围促进了土地私有制的发展。秦始皇还号召农民努力生产。如他在始皇三十二年（前215）的《碣石门辞》曰："男乐其畴，女修其业，事各有序。惠被诸产，久并来田，莫不安所。"㉘

西汉初年，刘邦刚登上皇位，即下诏书，令战时逃亡的人户"各归其县，复故爵田宅"㉙。保护他们的私有财产，不受侵犯。西汉皇帝开关心农业生产之风，并以身作则而耕藉田的要算文帝，他也是历代皇帝关心农业生产的楷模。他即位的第二年（前178）春，即下诏曰："夫农，天下之本也，其开藉田，朕亲率耕，以给宗庙粢盛。"同年九月，又下诏曰："农，天下之大本也，民所恃以生也。而民或不务本而事末，故生不遂。朕忧其然，故今兹亲率群臣农以劝之。其赐天下民今年田租之半。"十三年（前167）二月诏曰："朕亲率天下农耕以供粢盛，皇后亲桑以奉祭服，其具礼仪。"师古曰："令立耕桑之礼制也。"六月诏曰："农，天下之本，务莫大焉。今勤身从事，而有租税之赋，是谓本末者无以异也，其于劝农之道未备。其除田之租税，赐天下孤寡布帛絮各有数。"③⑩从这年开始全免天下田租（税），直至文帝去世，共实行了十二年。景帝即位，才复收田租之半，即三十税一，以后成为定制。文帝还"开关梁，弛山泽之禁"，促进农、工、商业的全面发展，"富商大贾周游天下，交易之物莫不通，得其所欲"③¹。景帝时，仍继承文帝时的"朕亲耕，后亲桑"的政策，"五六十载之间，至于移风易俗，黎民醇厚"③²。史称这一时期为"文景之治"。《史记·平准书》曰：至武帝即位时，"汉兴七十余年之间，国家无事，非遇水旱之灾，民则人给家足，都鄙廪庾皆满，而府库余货财。京师之钱累巨万，贯朽而不可校；太仓之粟陈陈相因，充溢露积于外，至腐败不可食。众庶街巷有马，阡陌之间成群"③³。这是秦汉四百年间最隆盛的时期，也是统一的、多民族的、中央集权的国家最辉煌的时期之一。

汉武帝也为发展社会经济做了许多影响巨大的工作，如推广铁器牛耕，改革耕作技术，兴修水利，改革币制，行用五铢钱等。东汉前期，基本上沿用了西汉的制度和政策，重视改善社会状况，解放奴婢，兴修水利，社会秩序渐趋稳定，长期逃亡的人口多回故乡，农业由恢复而发展。

可是，土地私有制的产生、发展，贫富分化与土地兼并也并臻而至。西汉初，因行"重农抑商"政策，情况尚好；但到文帝时，此政策已失灵，贫富分化与土地兼并严重。当时政论家晁错指出：商人们坐列贩卖，囤积居奇，操纵物价，放高利贷；许多农民则"卖田宅，鬻子孙，以偿责者"，"此商人所以兼并农人，农人所以流亡者也"。文帝采纳了晁错的建议，实行过"贵粟政策"，一度缓和了社会矛盾。可是到汉武帝时，情况又严重起来，以至出现了"富者田连阡陌，贫者亡立锥之地"的情况。富者号称强宗、豪右、郡姓、名门，有的"武断于乡曲"[34]，贫困破产的农民成为他们的佃户，接受他们的地租剥削，有的还有"人身依附"关系。如《汉书·陈汤传》曰："关东富人益众，多规良田，役使贫民。"

贫富悬殊是社会的一大弊端，许多政论家或政治家提出过不少救弊措施。总的来说，他们都相信井田制是救世良方；可是事已遥远，用之似不切实际，因之主张从现实出发，对土地兼并采取"节制"措施。如董仲舒对汉武帝说："古井田法虽难卒行，宜少近古，限民名田，以澹（赡）不足，塞并兼之路。"[35]西汉末年，师丹向哀帝建言："古之圣王莫不设井田，然后治乃可平……今累世承平，豪富吏民訾数巨万，而贫弱俞困……宜略为限。"至王莽，对西汉的土地兼并情况进行了严厉的批判，直接提出要实行井田制度，即所谓"今更名天下田曰王田……不得卖买"[36]。这些办法或未实行，或行而中止，或行而失败。但有一个问题必须要有足够的估计，就是土地兼并给社会带来的后果严重，负责任的当政者应当探索合理可行的干预办法以制止情况的恶化。上述"抑兼并"是办法之一。又东汉末年政论家仲长统曰:"今者土广民稀,中地未垦;虽然,犹当限以大家,勿令过制。其地有草者,尽曰'官田',力堪农事,乃听受之,若听其自取,后必为奸也。"[37]这也算一个办法,当然是局部办法。

可是小土地私有者在阶级社会中,由于家庭的财力单薄,生产工具落后,最好的情况是能维持简单的再生产,多数的情况是连维持简单的再生产也很困难。关于此事,历史上有些著名政治家都曾算过这笔账。如战国初年,李悝为魏文侯作《尽地力之教》曰:"今一夫挟五口,治田百亩,岁收亩一石半,为粟百五十石,除十一之税十五石,余百三十五石。食,人月一石半,五人终岁为粟九十石，余有四十五石。石三十，为钱千三百五十，除社间尝新春秋之祠，用钱三百，余千五十。衣，人率用钱三百，五人终岁用千五百，不足四百五十。不幸疾病死丧之费，及上赋敛，又未与此。此农夫所以常困，有不劝耕之心。"汉文帝时，晁错上《论贵粟疏》曰："今农夫五口之家，其服役者不下二人，其能耕者不过百亩，百亩之收不过百石。春耕，夏耘，秋获，冬藏，伐薪樵，治官府，给徭役；春不得避风尘，夏不得避暑热，秋不得避阴雨，冬不得避寒冻，四时之间亡日休息；又私自送往迎来，吊死问疾，养孤长幼在其中，勤苦如此；尚复被水旱之灾，急政暴虐，赋敛不时，朝令而暮

改。当具有者，半贾而卖；亡者，取倍称之息，于是有卖田宅、鬻子孙，以偿责者矣！"㊳

中国的历史证明，自土地私有制产生以来，社会上一直存在着两个巨大的群体，一为自耕农群体，这是一个游离的群体；另一为地主与佃农结合而成的群体，即封建生产关系群体。二者并存，成为中国封建社会存在、发展的基础。农民在生产中和社会财富的创造中的伟大作用，这是不容否认的；但地主阶级作为新的生产关系的代表，其在生产发展中的积极作用也不能低估。至于有些地主为非作歹，这是剥削阶级的劣根性决定的，应当与这个阶级的历史作用分别论述。今对生产发展有积极作用的地主举例，《后汉书·樊宏传》曰：

> （西汉后期的樊重）世善农稼，好货殖。重性温厚，有法度，三世共财，子孙朝夕礼敬，常若公家。其营理产业，物无所弃；课役童隶，各得其宜，故能上下戮力，财利岁倍，至乃开广田土三百余顷。其所起庐舍，皆有重堂高阁，陂渠灌注。又池鱼牧畜，有求必给。……赀至巨万，而赈赡宗族，恩加乡闾。[39]

像这样的地主，其经济实力雄厚，组织再生产、改善耕作条件、兴修水利、抗拒自然灾害的能力都较强，如

不遇特殊情况，佃农与他们结合而成的
生产关系比较有利于生产发展和社会稳
定。

两汉时期的文化教育事业也因国
家的统一、社会经济的发展、各级官府
的大力扶持，获得迅速的恢复、发展。
如果说中国文明史上，战国时期曾因
"百家争鸣、百花齐放"而获得辉煌，
其后遭秦始皇"焚书坑儒"而陵替、湮
没，那么西汉时期，尤其是汉武帝在位
的几十年中，是其比较全面的复兴时
期。这个复兴是从政治上确立儒家学说
的正统地位开始的。

西汉初年，官府并不关心学术。
民间虽有少数老学者口授某些先秦学
术，其影响甚微。主政者自高祖刘邦至

于文、景二帝，均以黄老、刑名之言为是。朝廷虽置学官，但"诸博士具官待问，未有进者"^⑩。至武帝时，情况大变。他初登皇位，即表示对长期礼坏乐崩的情况甚为伤悼。于是下令招天下方正贤良文学之士，以听取意见和建议。此时，春秋公羊学家董仲舒提出了"罢黜百家，表章《六经》"^⑪的建议，主张以"春秋"之说为经典，在政治思想上实现"大一统"。他还建议，在京师长安兴太学，置明师，培养人才，以选拔官吏。他批评了原有的选官制度，如任子和赀选^⑫，他说：高级官吏的子弟和有钱的人"未必贤"，主张从太学生中选拔"英俊"。他强调说："小材虽累日，不离于小官；贤材虽未久，不害为辅佐。"⑭董仲舒的建议都反映了统一的、中央集权的强大国家的需要，也都为汉武帝所接受。建元五年（前136），置《诗》《书》《易》《礼》《春秋》五经博士，博士均为今文学家，这在政治上确立了以今文经学为代表的儒学在中国古代政治、文化中的主导地位。元朔五年（前124），春秋公羊学家出身的丞相公孙弘又建议"为博士官置弟子五十人"，置"如弟子"若干人，这些学生都要由太常及郡国县道邑选拔推荐而来，每年考试一次，选拔优秀者补为中央及地方官府的下级官吏，可逐步升迁。司马迁说："自此以来，则公卿大夫士吏斌斌多文学之士矣。"⑭这些人士以儒者为主，奠定了儒政结合的政治规范。

关于古籍的收集，汉武帝也起了巨大的推动作用。

他刚即位，下诏曰："礼坏乐崩，书缺简脱，朕甚闵焉。"[45]他为了收集、整理古书，"于是建藏书之策，置写书之官，下及诸子传说，皆充秘府"。至成帝时，又使谒者陈农求遗书于天下，命众多学者分类整理校订收集的古籍，由刘向负责对每部古籍写出提要，后来其子刘歆编成《七略》。其《辑略》为总论，下分《六艺略》《诸子略》《诗赋略》《兵书略》《术数略》《方技略》六部，为全部古籍的总目录。但其中战国时期的原著不多，由西汉前中期的老儒转口传授的较多，又西汉人的研究性著作及新著更多。此目录由班固改写为《汉书·艺文志》，计"六略三十八种，五百九十六家，万三千二百六十九卷"[46]。这些古籍的收集整理，不仅保存了大量的古代典籍，也为此后的学术思想文化的发展提供了基础。

西汉学术以儒学为经学。经学由于始传底本的不同，有今文经学与古文经学之分。今文经学被列入学官，由今文经学家任博士，以传授弟子，久之形成学派。至宣帝时，太学中的学官，《易》有三家，《书》有三家，《诗》有三家，《礼》有一家，《春秋》有二家，共十二博士，东汉初，增至十四博士。古文经学亦在民间流传，研究者不是很多。东汉的古文经学家贾逵、马融、郑玄等兼通今文经。郑玄破除各家传统，广采众说，遍注群经，得到经今、古文两派的推崇，号称"郑学"。

汉代的新兴学科或有重大发展的学科很多。这些学科有一个共同的重要特点，就是反映了统一的、多民族的、中央集权国家的思想观点。例如历史学，这是一个新兴的学科，其代表著作有西汉司马迁撰的《史记》、东汉班固撰的《汉书》。《史记》之前亦有史书，如《春秋左氏传》《国语》《世本》《战国策》，贾谊撰《楚汉春秋》等，作者都有自己的历史观，但只有《春秋左氏传》的史观尚算明确，然而非常偏颇保守，其他只是一些史料而已，史观并不明确完整，也算是一个时代的产物。但《史记》与《汉书》则不同，如《史记》，在司马迁的父亲临终前，执其子迁之手而泣曰："今汉兴，海内一统，明主贤君忠臣死义之士，余为太史而弗论载，废天下之史文，余甚惧焉，汝其念哉！"[47]此一番话就包含了"大一统"的历史观，通过司马迁的史笔，渗透入《史记》的写作中。此后的主要史著均继承了这一观点并发扬光大，如《汉书·地理志》《后汉书·郡国志》《魏书·地形志》等都载录了当时国家的全部郡县、户口，以及山川、关隘、历史、风俗，还有已经内属或尚未内属的周边民族及其地区，反映了大一统的、多民族的、中央集权国家的大国风范。至于《史记》所开创的纪传体编写体例，相当科学，为先秦所未见。自创用之后，为历代史家所继承，成为两千年来史体的主要形式，称得上史学史上的一颗明珠。

两汉时期的文学也有很大发展，《汉书·艺文志》所著录者，"诗赋百六家，千三百一十八篇"，绝大部分为西汉人之作。汉代的文学以赋为最有名，号称人人能赋，其用辞语之铺张华丽，也为同类作品所不能比。我认为在赋中的大一统文学观是一个新生事物，也是非常重要的事物，它的这一特点在先秦文学中是没有的，也为后代文学所继承。如扬雄《甘泉赋》曰："东烛沧海，西耀流沙，北晃幽都，南炀丹崖。"[48]班固《东都赋》曰:"西荡河源,东澹海漘,北动幽崖,南耀朱垠……遂绥哀牢,开永昌。春王三朝,会同汉京。"[49]张衡《应间》曰:"今也皇泽宣洽,海外混同,万方亿丑,并质共剂。"[50]东、西、北的边陲,大体的方位属于传统说法,如沧海、流沙、幽都等,比较明确。新的边陲如丹崖和朱垠则为今之海南岛,是西汉新拓展的疆域,武帝于元封元年(前110)置儋耳、珠崖二郡于其上。哀牢、永昌则为今保山、德宏地区,在今云南之西南边境,为东汉明帝时所开置。质剂是契约,用于贸易。上引诗赋不仅反映了国家的大一统形势,也反映了各民族之间的物资、文化交流。

在两汉时期的思想文明中，人本主义的存在和发展值得注意。尤其是在当时的帝王将相中作为处理人事的一个根本原则，更值得重视。

人本思想在春秋、战国时期已经产生，并有初步发展，孔子、孟子等都是这一思想的倡导者。不过那时仍是在封建领主贵族的统治之下，这一种思想虽然进步，但要见诸法律，付之实施，很不容易。可是到两汉时期，情况大有不同，不少统治阶层人物，乃至皇帝，就讲尊重人格，其中包括了奴隶。

汉武帝初即位时，曾以"天人之征"策问董仲舒，仲舒详细阐述了"人之所以贵"的道理，他的主要理论根据是孔子的"天地之性人为贵"。他说：

"人受命于天，固超然异于群生……明于天性，知自贵于物。"[51]这就是说，即使奴隶，也不能视同牛马。他又主张："去奴婢，除专杀之威。"颜注引服虔曰："不得专杀奴婢也。"[52]

在封建社会中，尤其是封建社会前期，要完全消除残害奴婢、略卖奴婢等情况是不可能的。能使奴婢在法理上获得"人"的地位，在生命上获得一定的保障，这已是进步的表现。西汉末，王莽代汉，在变法时，曾批判了当时奴婢的不合理处境，拟用朝廷命令的办法，取消"奴婢"之名，从而提高、改善他们的社会地位。所下诏令批判曰："又置奴婢之市，与牛马同栏，制于民臣，逆天心，悖人伦，谬于'天地之性人为贵'之义……今更名……奴婢曰'私属',皆不得卖买。"⑤对王莽提倡人本主义,改革奴婢制度一项不能否定。

东汉初,光武帝即位的次年,又下令解放奴婢,从建武二年(26)至十四年,共下令六道。解放奴婢的范围,包括了因贫穷而被"嫁妻卖子"者、王莽时没入官者、被略者等,有违抗命令而不解放奴婢者,以"略人法从事"。刘秀还在建武十一年二、八、十月中,三次下令禁止残害奴婢,如诏令曰:"天地之性人为贵。其杀奴婢,不得减罪。"所举事例,有"敢炙灼奴婢论如律,免所炙灼者为庶民";"除奴婢射伤人弃市律"⑤等。

上述解放奴婢、禁止残害奴婢的政令、政策的规定、推行，反映了大一统的、中央集权的国家制度的进步性，这些政策、法令对于改善阶级关系，稳定社会秩序，发展社会经济、文化等，都有积极的作用。

五

社会稳定在任何时代，对任何国家都是必要的问题，社会不稳定时，什么和平、建设、幸福、安乐，一切都谈不到。造成社会不稳定的原因是什么呢？最主要的有二：一、战乱；二、灾疫。一旦发生这种情况，负责任的国家必然要救灾，这就是所谓"荒政"。

秦汉时期的第一次长期战乱发生在秦汉之际，即秦末农民战争和相继发生的楚汉战争，历时八年，所造成的形势是城乡人口散亡，经济凋敝，国家财政困乏，社会动荡不安。在这种形势下，刘邦登上皇位后，立即采取措施，以图稳定大局。其一，在政治指导思想上，要"无为而治"。士人陆贾对刘邦建言曰："事逾烦，天下逾乱；法逾滋，而奸逾炽；兵马益设，而敌人逾多。秦非不欲为治，然失之者乃举措暴众，而用刑太极故也。"⑤刘邦采纳了这个建议，并付诸实施。其二，也就是具体措施。刘邦在打败项羽、登上皇位的当年，即公布了全面而又影响巨大的"高帝五年诏"，其主要内容为"重农抑商"政策。"重农"部分，有四项具体措施：一、大量的复员军队，复员吏卒按级别高低较优厚地给予爵位和田宅，以充实农村人口和劳动力；二、号召在战时背井离乡、亡逃山林的人口回归故乡，予以款待，"复故爵、田宅"；三、普减田租（税），由十税一减为十五税一；四、凡因生活困难而自卖为奴婢的男女人口一律免为庶人。这些措施的实行，比较迅速地稳定了广大农村的社会秩序，对调动农民生产的积极性、恢复已遭到严重破坏的农业生产都起了巨大的作用。"抑商"部分重在贬抑商贾人等的政治地位，以限制他们的商业活动，具体措施也有四点：一、商贾及其子孙不得为官吏；二、商贾人家不得拥有私田[56]；三、商贾不得穿名贵的丝、葛、毛织品，不得骑马、乘车、携带兵器；四、加倍征收商贾的人口税（算赋，常人年纳一算，一百二十钱）。刘邦的这些政策、措施实行之后，在相当长的时间内收到了一定的效果。东汉初年的政论家杜林评论曰：西汉前期，"邑里无营利之家，野泽无兼并之民，万里之统，海内赖安"[57]。至少西汉前三十年的情况大致如此。

东汉建立以前和建立以后也经历过长期的战乱，时长达二十年，在这期间，社会混乱的程度不可言状，刘秀为稳定社会，也采取了若干措施，情况和刘邦类似。其一，在政治方面也以"黄老无为"为指导思想。如他说："吾理天下，亦欲以柔道行之。"⑤⑧又引《黄石公记》曰："柔能制刚，弱能制强。柔者德也，刚者贼也；弱者仁之助也，强者怨之归也……苟非其时，不如息人。"⑤⑨他宣布废除王莽时代苛繁的制度条令，学习刘邦之一切从简，就是所谓的"解王莽之繁密，还汉世之轻法"⑥⑩。其二，具体措施有如下三个方面：一、解放奴婢，已如上述；二、精兵简政，减轻赋税，建武六年（30），裁并了四百多个县，约占刘秀当时控制地区的三分之一，又"吏职减损，十置其一"⑥①，减少冗员数万人，由于国家的财政好转，又恢复田租（税）为三十税一⑥②；三、度田地，清户口。刘秀为解决在战乱时豪强大家隐占田地和农业人口问题，于建武十五年，下令各州、郡、县清查田地和户口。虽然"郡国大姓及兵长群盗处处并起"反对，刘秀仍以武力强制进行，软硬兼施，毕竟起了一定的限制作用。据文献记载，由于这些措施的实行，东汉在此后的数十年间，天下平安，人无徭役，岁比登稔，百姓殷富，粟斛三十，牛羊被野。

大的灾疫多由水、旱、蝗、瘟疫引起。在早期封建社会中，一切比较落后，灾疫经常发生。汉武帝元光三年（前132），黄河在瓠子（今河南濮阳南）决口，水入巨野泽，流于淮、泗，被灾十六郡。武帝曾发卒十万人治黄，由于丞相田蚡从中阻挠，不见功效。元封二年（前109），武帝自泰山封禅回长安，路过此处，发卒数万人堵塞决口，并命随从官员自将军以下，都去背柴薪填决口。决口堵塞，河水归于故道。武帝又命在新修拦河大堤上修建一座"宣房宫"，以镇河神，召万福。又自作《瓠子歌》以抒治河的情怀。治河之后，河水北行，"梁、楚之地复宁，无水灾"[63]。此后黄河在百年间未发生泛滥事故。西汉后期，黄河又长期失修，侵毁汴渠、济渠，兖、豫二州的许多地方成为泽国，广大农民流离失所。东汉前期，朝廷命水利专家王景等主持修黄，征调兵、民数十万，历时一年，费钱约百亿，终于将黄河治服，此后大约八百多年（到1048）未再发生大的改道事故。

中小河流水溢成灾的，几乎年年有之，如"高后三年（前185）夏，汉中、南郡大水，水出流四千余家。四年秋，河南大水，伊、雒流千六百余家，汝水流八百余家。八年夏，汉中、南郡水复出，流六千余家。南阳沔水流万余家"。"成帝建始三年（前30）夏，大水，三辅霖雨三十余日，郡国十九雨，山谷水出，凡杀四千余人，坏官寺民舍八万三千余所。"⑥④局部地区的旱、蝗，有大有小，连年不断，如"宣帝本始三年（前71）夏，大旱，东西数千里"，"平帝元始二年（2）秋，蝗遍天下"⑥⑤。小的灾疫造成祸害较小，短期即过去，大的灾疫则都会造成长期的生产破坏，农民逃亡，社会动荡不安。如武帝元封四年（前107），关东流民多达二百余万口，有些流民转死沟壑，有些则铤而走险，于是在各地相继发生农民滋事，乃至武装起义。作为中央集权的国家，各级官府都很重视"荒政"，需要统一政令，统一指挥。战国时期，梁（魏）惠王曾对孟子自夸其所行"荒政"："河内凶，则移其民于河东，移其粟于河内。河东凶亦然。"⑥⑥这可谓"小国寡民"之举，在两汉王朝绝不会如此，它要从大一统的国家出发，发挥中央集权制度的威力。如《汉书·元帝纪》：初元元年（前48）"以三辅、太常、郡国公田及苑可省者，振业贫民；赀不满千钱者，赋贷种、食"。《平帝纪》：元始二年（2），

"郡国大旱、蝗，青州尤甚，民流亡……民疾疫者，舍空邸第，为置医药。赐死者一家六尸以上葬钱五千，四尸以上三千，二尸以上二千。罢安定呼池苑以为安民县，起官寺市里，募徙贫民，县次给食。至徙所，赐田宅什器，假与犁牛、种、食。又起五里于长安城中，宅二百区，以居贫民"⑰。《后汉书·章帝纪》元和元年（84）二月诏曰："其令郡国募人无田欲徙它界就肥饶者，恣听之。到在所，赐给公田，为雇耕佣，赁种饷，贳与田器，勿收租五岁，除算三年。其后欲还本乡者，勿禁。"《和帝纪》永元五年（93）二月诏曰：为郡国去年秋稼为旱、蝗所伤，"自京师离宫果园、上林广成圃，悉以假贫民，恣得采捕，不收其税"。九月，又"令郡县劝民蓄蔬食，以助五谷。其官有陂池，令得采取，勿收假税二岁"⑱。当然时代的、阶级的局限性，以及官僚们的品德、能力，都对这些诏令的贯彻有所限制，但无论怎么说，国家的制度和政策在起着重大的作用。

中央集权制度的产生、发展，一直延续了两千余年，这虽是中国古代史发展的需要，但对于一个具体的王朝来说，不是万应灵药。因为这一制度毕竟是封建的政治制度，亦并不处处完善。采用这一制度的统治者又是封建地主阶级，有它时代的、阶级的局限性，所以虽行中央集权制度，却常常出现问题。

其中最大的问题有三：一、不注意"轻徭薄赋，与民休息"，造成或加重社会混乱；二、封立皇子皇孙为藩王、武力功臣为藩镇，造成分裂割据，乃至叛乱；三、皇权削弱，大权旁落，造成大臣掣肘，外戚、宦官篡权。秦始皇就犯了第一条忌讳。他虽创行中央集权制度，但却"举措暴众，而用刑太极"，即"徭役重，赋税大，用法残"。汉高祖刘邦就犯了第二条忌讳，他认为秦始皇不分封子弟为侯王以为藩辅，致有"孤立之败"，于是大封子弟为诸侯王，共有九国，占去国土的三分之二，致有后来的"七国之乱"。以上两事，史学界的异议不大。但对第三条的异议较多，尤其是对加强皇权方面。如汉武帝削弱以丞相为首的"外朝"权力，加强以尚书令为主的"内朝"权力，议者以"加强皇权"讥之。东汉光武帝于中央设三公，但徒有其名，权力却集中在尚书台，尚书台则听命于皇帝，议者讥之更甚。

其实，此种对中央集权制的修改，事出有因。如东汉政论家仲长统曰：光武帝对西汉后期，"惩数世之失权，忿强臣之窃命，矫枉过直，政不任下，虽置三公，事归台阁。自此以来，三公之职备员而已"⑥。这是说"矫枉"是对的，但"过直"则不对了。后代王朝在开国之初，都有此举措，如北宋加强皇权历来都有所讥讽。可是南宋史家李焘曰：宋太祖君臣总结唐末五代君弱臣强、政权屡更的教训，认为"惟稍夺其权，制其钱谷，收其精兵，则天下自安矣"[70]。可见这种加强皇权就是加强中央集权，也是必要的。明初之太祖朱元璋和清前期的康熙、雍正二帝所为，都是如此，不当以"极权主义"而讥之。

在历史上，中央集权制度运营不良而出现严重问题的事例还有很多，如东汉末年、西晋末年、唐朝末年、明朝末年都有此问题，致使政治黑暗，经济凋敝，饿殍载道，哀鸿遍野，最后偌大的王朝在阶级混战、民族斗争中轰然倾颓。这种情况虽非历史的主流，但也足以惊心动魄，引发有关政治家们做必要的历史回顾。由此亦可反证，中央集权制度的创建、维护，使之正常运营，对中国古代的国家、社会多么重要。

注释

① 《史记》卷六《秦始皇本纪》，第1册第239页。本文所引"二十四史"均为中华书局点校本，以下不再注。

② 夏曾佑：《中国古代史》，河北教育出版社2000年12月版，第252—253页。"鸿胪"初称"典客"。

③ 《后汉书》卷四〇上《班彪传》，第5册第1323页。

④ 《史记》卷五七《吴起列传》，第7册第2168页。

⑤ 《内蒙访古》，《翦伯赞史学

论文选集》第3辑，人民出版社1997年10月版，第387页；参看《文物参考资料》1957年第4期，第30页。

⑥《史记》卷一一〇《匈奴列传》，第9册第2885—2886页。

⑦同上书卷九九《刘敬列传》，第8册第2719页。

⑧同上书卷一一三《南越尉佗列传》。九郡为南海、苍梧、郁林、合浦、儋耳、珠崖、交趾、九真、日南。

⑨同上书卷一一六《西南夷列传》，第9册第2993页。

⑩西南七郡：犍为、益州、牂柯、越巂、沈黎、汶山、武都。

⑪《资治通鉴》卷一五《汉纪》七"文帝后五年"，中华书局标点本平

装第2册第506页。

⑫《汉书》卷二四《食货志下》下，第4册第1157页。

⑬同注⑪卷二二《汉纪》武帝征和二年（前91），第2册第726页。

⑭《左传·昭公九年（前533）》，本文所引"十三经注疏"均为中华书局影印本，以下只注"影印本"。下册第2056页。

⑮《史记》卷六《秦始皇本纪》，第1册第245页。

⑯同上第236页。

⑰《汉书》卷二八下《地理志下》，第6册第1640页。

⑱同注③，卷八八《西域传》，第10册第2914页。

⑲同注②，第245页。

⑳《史记》卷六《秦始皇本纪》引贾谊《过秦论》，第1册第280页。

㉑蔡琰《悲愤诗》。（清）沈德潜《古诗源》，中华书局1963年6月第1版，第63页。

㉒《公羊传·成公十五年（前576）》，影印本下册第2297页。

㉓同注⑫卷一九上《百官公卿表上》、同注③卷二五《百官志二》。

㉔《诗·齐风·甫田》，影印本上册第353页。

㉕《墨子间诂》卷九《非命下》，商务印书馆《国学基本丛书简编》本上第182页。

㉖《吕氏春秋·审分览》第五

《审分》，张双棣等：《吕氏春秋译注》，北京大学出版社第532页。

㉗同注①《秦始皇本纪》三十一年集解引徐广语。

㉘同注①第252页。

㉙《汉书》卷一《高帝纪下》，第1册第54页。

㉚以上均引自《汉书》卷四《文帝纪》，第1册第118—125页。

㉛同注①卷一二九《货殖列传》，第10册第3261页。

㉜同注㉙卷五《景帝纪·赞》，第1册第153页。

㉝同注①卷三〇《平准书》，第4册第1420页。

㉞以上分别见《汉书》卷二四上

《食货志上》，第4册第1132、1136、1137页。

㉟同上书第1137页。

㊱以上分别见《汉书》卷二四上《食货志上》，第1142、1144页。

㊲同注③卷四九《仲长统传》引《昌言·损益篇》，第6册第1656页。

㊳以上分别见《汉书》卷二四上《食货志上》，第1125、1132页。

㊴同注③卷三七《樊宏传》，第4册第1119页。

㊵同注①卷一二一《儒林列传·序》，第10册第3117页。

㊶同注㉙卷六《武帝纪·赞》，第6册第212页。

㊷任子：二千石以上的官吏任满一

定年限者，可举子弟一人为郎。赀选：有赀五百钱以上者，可选为郎。

㊸同注㉙卷五六《董仲舒传》，第8册第2512—2513页。

㊹同注①卷一二一《儒林列传·序》，第10册第3119—3120页。

㊺同注㉙卷三〇《汉书·艺文志·序》，第6册第1701页。

㊻同上书第1780页。

㊼同注①卷一三〇《太史公自序》，第10册第3295页。

㊽同注㉙卷八七上《扬雄传》，第11册第3532页。

㊾班固《东都赋》，《文选》上册第一卷《赋甲·京都》上，中华书局影印本1977年11月第1版。

(50)同注③卷五九《张衡传》，第7册第1904页。质剂：契约。《周礼》卷一四《地官·质人》曰："凡卖侯者质剂焉，大市以质，小市以剂。"《司市》疏曰："质，长券，用以购买马牛之属。剂，短券，用以购买兵器、珍异之物。"

(51)同注㉙卷五六《董仲舒传》，第8册第2516页。

(52)同上书卷二四上《食货志上》，第4册第1137、1139注⑪。

(53)同上书卷九九中《王莽传中》，第12册第4110—4111页。

(54)同注③卷一下《光武帝纪下》，第1册第57页。

(55)陆贾《新语·无为》。

(56)商贾“不得名田”事，见于武帝以后的记载，当始于高祖的“抑商”政策。

(57)《东观汉记·杜林传》。

(58)同注③卷一下《光武帝纪下》，第1册第68—69页。

(59)同上书卷一八《臧宫传》，第3册第695—696页。

(60)同上书卷七六《循吏传·序》，第9册第2457页。

(61)同上书卷一下《光武帝纪下》，第1册第49页。

(62)同上书第50页。在战争年代原行什一之税，今恢复西汉制，为三十税一。

(63)同注①卷二九《河渠书》，第4

册第1413页。

(64)以上分别见《汉书》卷二七上《五行志七上》，第5册第1346、1347页。

(65)以上分别见同上书第1393、1436页。

(66)《孟子》卷一《梁惠王章句上》，中华书局《新编诸子集成》第一辑《四书章句集注》第203页。

(67)以上分别见《汉书》卷九《元帝纪》，第1册第279、353页。

(68)以上分别见《后汉书》卷三《章帝纪》、卷四《和帝纪》，第1册第145、175、177页。

(69)同注③卷四九《仲长统传》引《昌言·法诫篇》，第6册第1657页。

⑦⓪李焘：《续资治通鉴长编》卷二建隆二年七月。

出版说明

    "新编历史小丛书"承自上世纪60年代吴晗策划的"中国历史小丛书",其中不少名家名作是已经垂之经典的作品,一些措辞亦有写作伊初的时代特征。为了保持其原有版本风貌,再版过程中不做现代汉语的规范化统一。读者阅读时亦可从中体会到语言变化的规律。

新编历史小丛书编委会

图书在版编目（CIP）数据

秦始皇 / 张传玺著. — 北京：北京人民出版社，
2019.5
（新编历史小丛书）
ISBN 978-7-5300-0407-4

Ⅰ. ①秦… Ⅱ. ①张… Ⅲ. ①秦始皇（前 259–前
210）—传记 Ⅳ. ①K827=33

中国版本图书馆 CIP 数据核字（2019）第 050746 号

责任编辑　严　艳　　王铁英
责任印制　陈冬梅

新编历史小丛书

秦始皇
QIN SHIHUANG

张传玺　著

出　　版　北京出版集团公司
　　　　　北京人民出版社
地　　址　北京北三环中路 6 号
邮　　编　100120
网　　址　www.bph.com.cn
总 发 行　北京出版集团公司
印　　刷　北京汇瑞嘉合文化发展有限公司
经　　销　新华书店
开　　本　880 毫米 ×1230 毫米　1/32
印　　张　4.75
字　　数　37 千字
版　　次　2019 年 5 月第 1 版
印　　次　2024 年 3 月第 4 次印刷
书　　号　ISBN 978-7-5300-0407-4
定　　价　24.80 元

如有印装质量问题，由本社负责调换
质量监督电话　010-58572393